AMOR
E LIBERTAÇÃO

Coleção Vida Plena

- *A coragem de ser responsável: descubra se você é reativo ou proativo, omisso ou comprometido*
  Carlos Afonso Schmitt
- *A força interior em ação*
  Abel Brito e Silva
- *Forças para viver: palavras de ânimo para quem sofre na alma e no corpo*
  Carlos Afonso Schmitt
- *O gosto das pequenas vitórias: como vencer os medos que nos afligem diariamente*
  Carlos Afonso Schmitt
- *O incrível poder da palavra: os efeitos do pensamento e da fala sobre nossa vida*
  Carlos Afonso Schmitt
- *O poder da superação: como recuperar a saúde e viver de bem com a vida*
  Carlos Afonso Schmitt
- *O segredo da longevidade: sonhos e desafios para manter-se ativo e saudável em qualquer idade*
  Carlos Afonso Schmitt
- *Um novo jeito de vencer a depressão: a cura possível através da terapia holística*
  Carlos Afonso Schmitt
- *Viver com paixão!*
  Valerio Albisetti

CARLOS AFONSO SCHMITT

AMOR
E LIBERTAÇÃO

Superando mágoas e invejas,
ciúmes e traumas emocionais

Paulinas

Dados Internacionais de Catalogação na Publicação (CIP)
(Câmara Brasileira do Livro, SP, Brasil)

Schmitt, Carlos Afonso
    Amor e libertação : superando mágoas e invejas, ciúmes e traumas emocionais / Carlos Afonso Schmitt. – São Paulo : Paulinas, 2017.
    – (Coleção vida plena)

    ISBN: 978-85-356-4304-6

    1. Amor 2. Emoções 3. Libertação 4. Perdão 5. Sentimentos 6. Superação I. Título. II. Série.

17-04243   CDD-158.1

Índice para catálogo sistemático:
1. Autoajuda : Psicologia aplicada   158.1

1ª edição – 2017
1ª reimpressão – 2024

Direção-geral:
Flávia Reginatto

Editora responsável:
Andréia Schweitzer

Coordenação de revisão:
Marina Mendonça

Revisão:
Marina Siqueira

Gerente de produção:
Felício Calegaro Neto

Projeto gráfico:
Telma Custódio

Diagramação:
Jéssica Diniz Souza

Nenhuma parte desta obra poderá ser reproduzida ou transmitida por qualquer forma e/ou quaisquer meios (eletrônico ou mecânico, incluindo fotocópia e gravação) ou arquivada em qualquer sistema ou banco de dados sem permissão escrita da Editora. Direitos reservados.

Cadastre-se e receba nossas informações
paulinas.com.br
Telemarketing e SAC: 0800-7010081

Paulinas
Rua Dona Inácia Uchoa, 62
04110-020 – São Paulo – SP (Brasil)
📞 (11) 2125-3500
✉ editora@paulinas.com.br
© Pia Sociedade Filhas de São Paulo – São Paulo, 2017

*Perdoar não é necessariamente esquecer.
É compreender quem o ofendeu,
vendo-o com um novo olhar:
o olhar do amor que liberta.*

Sumário

Introdução 9

1. Abrindo novos caminhos 11

2. A vida é um riacho 13

3. Nossa mente maravilhosa e problemática 15

4. Mágoas: suas inúmeras causas 19

5. Perpetuam-se por quê? 21

6. Estragos que as mágoas causam 23

7. Inveja: origens e ramificações 26

8. Seu duplo poder 28

9. Como libertar-se da inveja negativa 30

10. O porquê do ciúme 33

11. Seu papel destruidor 35

12. Terapia de superação 37

13. Fofocas: línguas afiadas 40

14. Intrigas familiares 43

15. As raivas que nos corroem 46

16. Separação: um doloroso aprendizado 49

17. Os quatro "entos" do casamento 52

18. Reconstruir, sempre que possível 56

19. Um amor que liberta 58

20. Depressão: amarras do passado 61

21. Traumas são superáveis 63

22. Um sentido para a vida 65

23. O poder curativo do perdão 67

24. A técnica do sentimento oposto 70

25. A alegria de sentir-se renovado 72

26. Respirando novos ares 74

27. O olhar transformador da fé 77

Introdução

Permiti que alguém me magoasse. Por muito tempo guardei essa mágoa ancorada em meu peito. Resistia teimosamente em desprender-se de mim. Como um objeto de estimação, constantemente meu coração se lembrava do ocorrido. Sofria, então, novamente como há anos vinha fazendo. Um profundo e doloroso ressentimento se realimentava em meu coração.

E o paradoxo persistia.

Meu *lado espiritual*, ético e criterioso, ansiava por ver-me livre desse mal.

Meu *lado humano*, meu ego machucado – sentindo-se vítima – insistia em remoer o passado. Engenhando vingança, fomentava os velhos ressentimentos que tanto me haviam ferido. Quanto mais pensava nisso, mais pensamentos negativos eu atraía.

Urgentemente precisava me libertar! Os estragos já tinham sido tantos que o amor vivia sufocado. Psicológica e espiritualmente era insuportável continuar assim. A hora da libertação tornava-se cada vez mais premente e necessária.

Uma profunda terapia de perdão, uma verdadeira cura interior seria minha única saída. Além das mágoas, havia ciúmes, raivas, invejas, traumas e intrigas emocionais a serem superadas.

A mão de Deus guiou meu coração e meus passos para que novos caminhos se abrissem.

Hoje estou aqui para convidar você a trilhar os mesmos caminhos, caso deles necessite. São caminhos de AMOR e LIBERTAÇÃO que irão transformar sua vida.

Há grandes horizontes pela frente.

Aventure-se a procurá-los!

"*O amor é a poesia dos sentidos.*
É sublime, ou não é amor.
Quando existe, existe para sempre
e cresce de dia para dia."

(Honoré de Balzac)

1. Abrindo novos caminhos

A necessidade de renovação impõe-se como condição indispensável para maior desenvolvimento humano, psicológico e espiritual. Já a estagnação gera sérios bloqueios energéticos, capazes de impedir qualquer avanço nos caminhos do autoaperfeiçoamento.

Nossa meta é progredir, é alcançar níveis cada vez mais elevados de consciência. Nosso objetivo é realizar-nos como seres humanos, lembrando-nos de nossa *condição divina* de quem veio, temporariamente, habitar o planeta Terra.

Você há de convir comigo que há um longo caminho a percorrer. Caminho esse que, ao certo, você já iniciou e quer continuar trilhando. Como peregrino que também sou, proponho-me a caminhar com você. Ao longo do caminho, teremos tempo para analisar alguns pontos importantes que poderão tornar a jornada mais segura e gratificante, menos árdua e pesada.

Um deles – sempre é oportuno lembrá-lo – é a *urgência em abrir novos caminhos*, visto que os antigos, que até hoje percorremos, não foram suficientemente satisfatórios para nossa plena evolução.

Há novos caminhos que devem ser abertos caminhando, de acordo com a necessidade do momento, de acordo com as exigências do coração, de acordo com os mais profundos anseios da alma.

A *libertação interior* é um desses novos caminhos a serem abertos. Libertação que tem todos os nomes que você necessite dar-lhe. Todo e qualquer entrave psíquico ou espiritual cabe nessa lista: relacionamentos mal resolvidos, problemas não superados, lições ainda não aprendidas – que, por isso mesmo, vivem sempre retornando. *Tudo* que o *amor* e o *perdão* ainda não integraram harmoniosamente em sua vida, *tudo é objeto de libertação*.

Aliás, para que novamente a *luz* brilhe, a *alegria* retorne, o *amor* faça parte da sua da vida, é imperioso LIBERTAR-SE.

– Você quer fluir com a vida?

– Quer sentir-se leve, solto e bem-humorado?

– Quer ter um alto-astral que contagie a todos que o rodeiam?

– Quer que o amor inspire seus pensamentos e motive suas ações?

– Quer ser feliz, consciente de que a felicidade é construída por momentos bem vividos no "aqui e agora"?

Prossiga, então! Estamos juntos nesta importante caminhada. Não vejo a hora de pisarmos na "terra prometida" pela qual nosso eu interior anseia tanto! Chegaremos, sim! Nem que seja necessário atravessar o deserto da descrença, a areia escaldante do desânimo, enfrentando a fome e a sede que enfraqueçam nosso corpo. Não importa quão dolorosa a travessia se torne... Há sempre a surpresa de um oásis a alimentar nossa frágil esperança, a promessa de uma fonte de água pura aguardando por nós.

Vale a pena prosseguir, mesmo que o sol nos castigue ou o vento sopre contrário. Cada deserto tem seus oásis e cada mar tem seu porto... um deles será o nosso.

2. A vida é um riacho

Riachos de águas cristalinas, hoje em dia, são raros. A poluição ambiental, o desrespeito pela natureza, o pouco interesse pela preservação dos mananciais hídricos, tudo contamina as águas de nossos rios.

- Há galhos apodrecendo em seu leito.
- Há entulhos jogados em seu percurso.
- Há sujeira e poluição amontoando-se em suas margens, caindo nas águas que deveriam fluir livremente.

Esse é o lamentável cenário que a falta de consciência ecológica nos proporciona! O que deveria ser vida transforma-se em morte: a mortandade de peixes, a transmissão de doenças às pessoas que utilizam as águas contaminadas, a poluição e sujeira que fluem lentamente rio abaixo, numa triste imagem de desrespeito.

A vida também é um riacho. Imagine-se entrando nele, no riacho de sua vida. Agradáveis surpresas encheriam seus olhos de alegria ao verem suas águas limpas e refrescantes, deslizando com agilidade entre as pedras que as purificam, ou tristes constatações iriam desapontá-lo ao ver esse riacho poluído, repleto de sujeira, galhos podres e entulhos?

Num riacho de verdade impor-se-ia uma faxina urgente. Uma limpeza profunda e radical, desbloqueando as águas turvas e paradas, fazendo-as correr saudáveis e sem restrições, criando novamente vida, tanto para elas quanto para toda a população. Seus peixes reviveriam, agradecidos pela dádiva do oxigênio e dos micro-organismos que os alimentam.

E no riacho da vida? Que nomes se podem dar aos galhos nele jogados? Que espécie de sujeira psíquica e emocional está impedindo que as águas da vida continuem fluindo? Que entulhos precisam ser retirados, desvencilhando a tranqueira em que as águas poluídas se transformaram?

- Há galhos que se chamam *tristeza*... Outros *solidão*. Outros ainda *abandono*.
- Há galhos de *mágoas*, de *ofensas retidas*, de *perdão* não dado.
- Há galhos de *depressão*, de *desânimo*, e até de *desistência de vida*.
- Há galhos de *raivas*, de *revoltas*, de *intrigas*. Galhos de *inveja* e de *ciúme*. Galhos de *maledicências*.
- Há sujeiras psíquicas carregadas de *mau humor*, de *pessimismo*, de *vitimização*.
- Há *traumas* que persistem em ficar ferindo nossa autoestima.
- Há entulhos de *ódio*, de *vingança*, *vícios* e *drogas* que matam.

Uma faxina radical se impõe urgentemente! Não há tempo a perder! A *vida* está em jogo! É preciso recobrar a alegria, a fluidez, o amor que liberta e purifica essas águas poluídas.

Numa escala de prioridades, comecemos pelo que mais nos incomoda? Pelo que mais nos atrapalha? Pelo que mais nos bloqueia e amarra nossa fluidez de vida? Comecemos pelo mais visível, mais volumoso, mais podre? E o que mais dói, onde estará escondido?

Vale a pena entrar no riacho de sua vida e observar atentamente o estado de suas águas. Uma bela limpeza faz muito bem. Mãos à obra! Chegou a hora de sua libertação. Coragem!

3. Nossa mente maravilhosa e problemática

Desde a concepção no útero materno, o mecanismo automático de nossa mente inconsciente grava tudo que se passa conosco. Grava as emoções da mãe, seu estado de espírito, sua aceitação ou não da gravidez em curso...

Esse mecanismo automático independe da formação do cérebro. Faz parte da energia espiritual que atua em nós, desde os primeiros momentos da vida. Assim que o cérebro inicia sua formação, interage com ele, completando o maravilhoso trio que nos compõem: *espírito, mente e corpo*.

Todos os registros são *automáticos*, quer saibamos ou não que tudo está sendo gravado. Mesmo que soubéssemos, não poderíamos impedir isso de acontecer. A seu tempo, o próprio inconsciente se vale de todo material coletado ao longo de nossos anos. Numa *constante releitura*, ele traz de volta ao nosso cotidiano o conteúdo desses primeiros e importantes arquivos: arquivos saudáveis, memória saudável; arquivos doentios, memória doentia. Diante de estímulos, automaticamente eles se abrem, sem que disso tenhamos consciência ou, tendo-a, sem que possamos impedir que tal fato aconteça.

E qual será o conteúdo de nossos arquivos mentais?

– Há rejeições e medos, sentimentos de abandono, ou alegrias de acolhida neles registrados?

– Há traumas intrauterinos – registrados de forma privilegiada – por seu forte conteúdo emocional? Pais discutindo entre si, lastimável desarmonia conjugal? Ou, pior ainda, o pai agredindo a mãe grávida?

– Quais os conteúdos que a *memória existencial* registrou e guarda em seus arquivos?

Deletar, simplesmente, como nos arquivos de nosso computador, é *impossível*. Nossa mente inconsciente não dispõe de um mecanismo de supressão. Uma vez gravado, gravado está. Para o mal ou para o bem, nada se apaga.

Com "amor e libertação", no entanto, você aprende a *reescrever sua história*, a abrir arquivos novos, redimensionados, ressignificados, e eles, com o tempo, deslocarão os outros para a periferia de sua memória, perdendo assim grande parte de sua influência. Doravante, os *novos arquivos* abrir-se-ão diante dos estímulos que a vida cotidiana lhe oferece.

Sim, *é possível mudar sua história*. É possível determinar quem você quer ser, como quer se sentir, como quer conduzir sua vida em meio ao estresse e ao corre-corre de seus dias. Você ESCOLHE e DETERMINA viver de forma mais alegre e saudável, otimista e amorosa.

Se, ao contrário, você se descuidar de seus pensamentos e emoções e não assumir o controle de sua mente, se o seu EU não comandar a trajetória a ser percorrida, uma mente problemática poderá enredá-lo em muitas e dolorosas armadilhas.

– Você pode ser *impulsivo*, mesmo que não queira.

– Você pode *reagir a algo bruscamente*, mesmo que se considere equilibrado.

– Você pode até ser *violento*, mesmo sendo uma mulher ou um homem pacíficos.

– Você pode tornar-se *triste, desanimado, depressivo, ansioso, fóbico*... cheio de mazelas psicológicas que o atrapalhem e infernizem sua vida, mesmo que, *conscientemente*, você não escolha ser assim.

Toda atenção com si mesmo tem de ser redobrada. Observe-se, monitore seus pensamentos, administre suas emoções e, *instantaneamente*, assuma o controle da situação. Faça o seu eu assumir o comando. Interrompa, em segundos, esse fluxo doentio que o acomete e *reprograme* sua mente para dias melhores.

Fascinante e poderosa é nossa mente. Não menos, porém, engenhosa e cheia de armadilhas. Cabe-nos aprender a utilizá-la a nosso favor, pois foi assim que Deus a pensou.

"Mágoa: é um espinho que a gente coloca no coração e se esquece de retirar."

(Luiz Gonzaga Pinheiro)

4. Mágoas: suas inúmeras causas

Os mais diversos motivos levam alguém a magoar-se. Até mesmo "sem querer" você pode magoar alguém. Os hipersensíveis – que tudo interpretam contra si e o acatam como tal – ressentem-se por motivos fúteis e insignificantes. Sem haver intenção alguma de querer magoar, a "ofensa", no entanto, foi aceita e introjetada como se assim fosse.

Reside aí o maior desafio para a maioria das pessoas. *A mágoa só existe quando é acolhida.* É preciso aceitá-la, ancorando-a em si e interpretando-a como tendo sido uma ofensa, uma injustiça, um menosprezo. É preciso *permitir* que alguém magoe você. Ofender é algo que alguém até pode fazer. Mas magoar só acontece com sua permissão.

Colocar-se no lugar do outro e procurar compreendê-lo é, muitas vezes, suficiente para não se sentir magoado. Descobrir as razões que o levaram a agir assim pode ser o bastante para não se importar tanto com o sucedido. Aliás, "importar-se" significa "trazer para o seu porto", ancorar em seu coração a ofensa, a fofoca, a maledicência de quem queria atingi-lo e que, sendo assim, realmente atingiu seu objetivo. Mais uma vez foi *você* quem criou as condições apropriadas para que a mágoa se instalasse.

Parece que estou até ouvindo alguém dizer que isso é humanamente difícil, quando não impossível.

– Se alguém o perturba todo dia, como não perder a paciência com ele e magoar-se?

– Se alguém fala mal de você, afirmando coisas totalmente sem fundamento a seu respeito, como ficar calado e não sofrer com essa injustiça?

– Se alguém traiu a sua confiança, desmereceu seu amor e sua dedicação incondicionais, como pensar que isso não vá doer e transformar-se numa intensa mágoa?

– Se alguém o diminuiu perante os outros (alguém que sempre mereceu seu amor), como não se magoar nem persistir nesse sofrimento?

– Se alguém simplesmente o ignora, tornando-se indiferente a anos de amizade, convívio e parceria, isso não é motivo para você ficar triste, ressentido, sentindo-se incompreendido e mal-amado?

E, assim, a lista interminável de motivos, causadores de mágoas, poderia continuar crescendo. Aos costumeiramente conhecidos, novos podem ser diariamente acrescentados, basta você permitir. E tudo isso a nada leva, a não ser a piorar o quadro já existente.

Concordo com você que é "humanamente difícil" não se perturbar emocionalmente diante de certas situações que o desamor dos outros pode criar. Só uma dose bem grande de autocontrole, de maturidade, de acentuada espiritualidade, podem impedir que nos deixemos abalar pelo poder destruidor das mágoas.

Concluindo: mágoas são *lixo emocional* que cuidadosamente carregamos, mesmo quando o peso é quase insuportável. É o nosso *orgulho ferido* que nos faz agir assim. E a desculpa é sempre a mesma: "foi ele, foi ela, foram os outros que me ofenderam". Se nada fiz para merecer seu desdém, muito menos suas agressões verbais, fica bem claro que "foi você quem me magoou...".

A velha história de sempre: achar um culpado para livrar-se de sua própria culpa. E isso resolve alguma coisa?

5. Perpetuam-se por quê?

Ouço, às vezes, em meu trabalho terapêutico, pessoas relatando mágoas que vêm carregando por quarenta anos ou mais. Recordam-se, nos mínimos detalhes, de como tudo aconteceu e do tamanho da mágoa que se instalou e que ainda perdura. E nem sempre estão dispostas a abrir mão desse "autoflagelo" que elas mesmas se impõem. Persistem em sentir-se ofendidas, com absoluta certeza de que foram elas as únicas prejudicadas.

E se assim fosse...? Adianta perpetuar a dor e aumentá-la, uma vez que o *ressentimento* (o "sentir de novo") faz com que você sofra novamente, toda vez que recorda emocionalmente o fato ocorrido?

Perpetuam-se as mágoas por *falta de humildade*, por não reconhecermos que também nós magoamos os outros, por não abrirmos mão de nosso *orgulho ferido*, inimigo número um de nossa falta de perdão.

Há pessoas que fazem questão de sofrer. Por estranho que pareça, inconscientemente alimentam seu sofrimento. E fazem questão de continuar "inconscientes", visto poderem libertar-se ao tomar consciência do mal que infligem a si mesmas.

Pare e pense, amigo. Analise seus arquivos emocionais. O que há de tão "significativo" que mereça tanta atenção e sofrimento seus, sabendo que mágoas não trazem vantagem alguma para seu desenvolvimento humano e espiritual?

Procure entender o alcance e a grandeza do perdão. Como diz Augusto Cury em seu livro *A fascinante construção do eu* (Ed. Planeta, 2011), "o perdão é a energia dos fortes; a mágoa, dos fracos".

Só quem tem um coração maior que a ofensa é capaz de perdoá-la. É para os *fortes no amor*, os poderosos na fé. Você pode ser um deles, se esse for o seu desejo. Aventure-se a ser grande! A vida o recompensará com muitas bênçãos, as melhores que você puder imaginar.

Além do mais, se você for seguidor do Mestre Jesus, pense no que ele ensinou a respeito do perdão. Vou ater-me apenas a uma passagem do Evangelho, suficientemente clara e radical para fazê-lo entender o grau de importância que o perdão recebe nos ensinamentos do Mestre.

> Se estás, portanto, para fazer a tua oferta diante do altar e te lembrares que teu irmão tem alguma coisa contra ti, deixa lá a tua oferta diante do altar e vai primeiro reconciliar-te com teu irmão; só então, vem fazer a tua oferta (Mt 5-23-24).

Texto intrigante! Paradoxal! Se "teu irmão" tiver alguma coisa contra ti... E não se *você* tiver alguma coisa contra ele. Se você tivesse, era fácil aceitar que teria de se entender com ele. Mas o texto é forte, contradiz o senso comum. Se um "outro" tiver algo contra mim, *eu* preciso procurá-lo, se quiser fazer minha oferta. Nossa eterna mania de culpar os outros é radicalmente desafiada e cai por terra. Assim era o Mestre Jesus: surpreendente e inovador.

Você está disposto a rever sua posição em relação a suas mágoas, de acordo com os critérios do divino Mestre?

Se estiver, mãos à obra!

6. Estragos que as mágoas causam

A mágoa nos deixa "amargos". A "amargura existencial" nos torna *vítimas*, eternos sofredores diante dos revezes da vida. Ressentimo-nos com tudo e com todos: falta-nos o "doce" da vida, a alegria, a festa, o lado lúdico de ver e interpretar positivamente as situações e os acontecimentos que nos envolvem.

Diabetes e *amargura*, por exemplo, têm tudo a ver. Ao retirarmos o "doce viver", o corpo assegura sua parte retendo açúcar em excesso, tornando-nos simbolicamente "doces", mesmo que isso implique uma série de problemas, que a medicina e os diabéticos conhecem tão bem.

Analise (mesmo que superficialmente) a vida de um diabético (ou a sua, se você também for um) e veja o grau de amargura que a caracteriza. São *mágoas incontáveis*, guardadas por vezes desde a infância; acentuadas na adolescência e ratificadas na idade adulta; mágoas que fizeram da vida um *triste lamento*, jamais um alegre cântico, gostoso de se entoar.

Nossa vida familiar e social é seriamente comprometida pela presença das mágoas. Melindramo-nos por qualquer ninharia. Uma brincadeira inocente para os outros é causa de ressentimento para nós. Somos vistos, com o tempo, como o "não-me-toques", plantinha melindrosa que se encolhe ao mínimo toque de um dedo, como se tivesse sofrido alguma agressão. Transforma-nos, assim, num desmancha-prazeres. Nossa presença inibe os amigos, impedindo-os de serem livres e espontâneos em suas palavras e atitudes. Piadas...? Nem pensar! Todas, para os ressentidos, têm endereço certo: são para eles! Visam alfinetar quem de todos desconfia: a vítima!

Inúmeros são os males psicossomáticos causados pelas mágoas. Desde a *angústia* até o *intestino preso* – "aperto" e "prisão", tal qual a vida dos amargurados –, as *indisposições estomacais* e o já citado *diabetes*, todos carregam indícios emocionais de problemas não resolvidos, nunca profundamente ressignificados ou definitivamente libertos pelo perdão.

Mágoas são toxinas emocionais transmutadas em toxinas físicas. Infectam a mente e adoecem o corpo. Presos ao passado, sem abrir mão de entulhos que as mágoas da vida juntaram ao longo do percurso, acionamos simbolicamente nossos intestinos a fazerem o mesmo. Eles prendem nossos "lixos", seguram o que deveriam liberar, e, com isso, arrumamos um outro e bem sério problema: a famosa "prisão de ventre". Como são eles – os intestinos – que produzem 90% de toda serotonina que o cérebro necessita para deixar-nos de astral alto, o *mau humor* começa a dominar-nos. Vivemos literalmente "enfezados". Na pior das hipóteses, as mágoas são isso...

Amor e libertação são o caminho da cura.

- "Amor" para compreender, para perdoar, para dar um toque divino ao erro humano.

- "Libertação" que desapega, livra-nos do passado sofredor, dando-nos a possibilidade da saúde psíquica e, ao nosso corpo castigado pelo sofrimento, a alegria de viver renovado.

É tempo de AMOR E LIBERTAÇÃO, tempo de vida nova. Você também é convidado a rever as mágoas do riacho de sua vida.

Uma boa limpeza faria bem à sua saúde.

Margens limpas, águas cristalinas: tudo que a alegria de viver procura. Está em suas mãos fazer com que isso aconteça.

"Inveja: é quando a gente ainda não descobriu que pode ser mais e melhor do que o outro."

(Luiz Gonzaga Pinheiro)

7. Inveja: origens e ramificações

Tão antiga quanto a humanidade, a inveja é um sentimento ambivalente e paradoxal. Pode ser tanto um excelente combustível para alguém crescer na vida – para superar quem o "incomoda" com seu talento ou sua prosperidade –, como ser tremendamente desgastante e negativa para quem a alimenta em seu íntimo.

A Bíblia Sagrada – intérprete fiel da grandeza e da pequenez humana – está repleta de relatos em que a inveja aparece em destaque. Lembraremos aqui apenas algumas passagens para ilustrar a presença desse sentimento tão humano quanto antigo.

Caim melindrou-se com Deus por achar que seu irmão Abel era favorito de Javé e começou a invejar as bênçãos que ele recebia. Em sua estreita visão, sentiu-se *injustiçado* por Deus e a *tristeza* invadiu sua alma. Com ela, nasceu um terrível sentimento de *ódio* pelo irmão, a ponto de até matá-lo (Gn 4,1-16).

Outro relato bíblico exemplifica muito bem como a inveja se manifesta no coração humano e a que ponto, no seio de uma família, ela pode causar mal-estar e desavença. É a história de José, último dos doze filhos de Jacó, invejado por seus irmãos pela predileção que o pai lhe demonstrava, "por ser filho de sua velhice" (Gn 37,1-36).

Seus irmãos pensaram em matá-lo, mas acabaram vendendo-o a uma caravana de ismaelitas que, por sua vez, venderam-no a Putifar, do Egito.

E foi a inveja de seus irmãos que acabou, com o tempo, transformando José no primeiro-ministro do faraó. No entanto, foi a José que, no final, tiveram que recorrer para sustentar suas famílias em meio à fome que os abateu. Bela ironia!

Parafraseando as palavras de Jesus aos pretensos apedrejadores da mulher adúltera (Jo 8,1-11), poderíamos dizer: "Quem nunca sentiu inveja, atire a primeira pedra".

O verbo latino *invidere*, "olhar mal", deu origem à palavra "inveja". Conhecida popularmente como "mau-olhado" ou "olho gordo", quando negativa é uma *energia tão destruidora*, que é capaz de matar plantas viçosas ou murchar flores, bastando para isso que o invejoso lance seu olhar aniquilante em direção ao objeto invejado.

A inveja é fonte de intrigas e fofocas, comentários maliciosos e fuxicos que visam *diminuir o outro*, já que o invejoso carrega consigo um *sentimento de inferioridade* que o faz sofrer ao presenciar o sucesso ou a felicidade alheia. Sofre quem a alimenta, sofre quem por ela é atingido, sejam pessoas, sejam animais ou plantas.

As ramificações da inveja são como os tentáculos de um polvo: estendem-se em todas as direções. Qualquer objeto, pessoa ou situação pode ser alvo de suas investidas. Os bens do outro incomodam o invejoso. Assim como o poder, o sucesso, o status social, o carro novo, a mulher ou marido mais elegantes, a felicidade, a alegria, a saúde... enfim, há uma lista interminável de possibilidades, capazes todas de gerar inveja.

A *insegurança* e a *baixa autoestima* são alguns dos componentes básicos da inveja e, como tal, atiçam o invejoso a desejar o que o outro tem ou ser o que o outro é, para igualar-se ou ser superior a ele.

Frustração, tristeza, menosprezo, ódio, desejo de vingança... frutos podres que a inveja produz. Todo cuidado é pouco!

Vejamos agora o *lado positivo* da inveja, que existe e precisa ser conhecido.

8. Seu duplo poder

Normalmente conhecemos apenas o lado negativo e perturbador da inveja. Tudo que foi dito a seu respeito no capítulo anterior ainda é pouco em comparação ao mal que a inveja doentia pode originar.

Há familiares que se desdenham por causa dela. Há comunidades que rivalizam entre si. Há países que guerreiam uns contra outros para, por exemplo, usurpar o petróleo que é do outro.

Ocorrem intrigas planetárias alimentadas pelo ser humano por não tolerar que outros tenham mais ou sejam mais felizes e realizados que ele.

E o *lado positivo* da inveja, onde está? Se existe o lado destruidor, como vimos, há também nela um poder construtor. A bela casa que invejo, por exemplo, pode provocar em mim vontade de crescer, de evoluir, de construir algo igual ou até superior. Em vez de desfazer do outro ou falar mal dele, em vez de sentir-me vítima, injustiçado pela vida e por Deus, posso provar a mim mesmo e aos outros que *também sou capaz*. "Santa inveja", diria o povo...

A inveja positiva fomenta o progresso, a justa competição, a capacidade de realização que desperta diante de um sentimento de desafio que a realidade a ser conquistada me impõe.

Há inúmeros relatos históricos – conhecidos no mundo da arte ou dos negócios – que demonstram como a inveja acabou se transformando num extraordinário poder de superação e construção de obras grandiosamente maravilhosas.

Michelangelo teve a oportunidade de criar uma das mais famosas obras de arte ao pintar os afrescos da Capela Sistina porque o pintor Bramante – convidado para fazê-lo – delegou-lhe a responsabilidade na certeza de que iria fracassar. Mais uma vez, a inveja fez o invejoso amargar a derrota e oportunizar ao invejado a possibilidade de mostrar seu talento.

No belíssimo filme *Amadeus*, sobre a vida e a obra de Mozart, aparece um caso típico de inveja entre gênios: Salieri, compositor italiano, invejava tanto a Mozart, que o teria envenenado.

Bill Gates, com todo seu poderio econômico, a quantos não terá inspirado para que surgissem aparelhos eletrônicos cada vez mais sofisticados? É a "santa inveja", a saudável competição contribuindo para o progresso da humanidade.

Se a sua inveja tiver um cunho positivo, de quem se anima a crescer por se espelhar em algo que observa em outra pessoa, muito bem! Cuidado, no entanto, para que a inveja não se transforme numa praga. Uma vez enraizada em seu chão, é muito difícil arrancá-la. E sem extirpar sua raiz, pouco adiantam os esforços. Sempre de novo brotará, cada vez mais viçosa.

Vejamos, no próximo capítulo, medidas terapêuticas a serem adotadas, se, acaso, também você pretenda libertar-se da força negativa da inveja.[1]

---

[1] Maiores informações: revista *Planeta*, ed. 441, junho de 2009.

9. Como libertar-se da inveja negativa

Em escala menor – quase despercebida – ou maior – facilmente notada pelos outros –, é bom refletir sobre a possibilidade de sermos todos, de alguma forma, um pouco ou muito invejosos.

De acordo com a Psicologia, o sentimento de inveja é inerente ao ser humano. Como é próprio vivermos em relações familiares ou sociais, a *comparação* entre o que temos ou somos e entre o que os outros possuem ou são, é natural e espontânea. Até aqui, nada demais.

Enquanto não desejarmos o que é dos outros, não os maldizermos mental ou verbalmente pelo que têm ou pela posição social que ocupam, é normal que se façam comparações entre a situação peculiar de cada um.

Sentir-se menos, inferior; sentir-se inseguro perante o outro; sentir-se injustiçado, vítima indefesa perante a vida: esse é o mal da inveja.

Torna-se urgente uma tomada de consciência a respeito de seus reais sentimentos. Comece analisando sua autoimagem e sua consequente autoestima.

– Como você vê a si mesmo e, em contrapartida, como vê os outros?

– A imagem que tem de si mesmo é forte, segura, positiva ou, ao contrário, é fraca, insegura e negativa?

– Como você classificaria sua autoestima, decorrente de sua autoimagem?

A inveja é cruel, tanto para invejosos quanto para invejados. É energia ruim, de baixa vibração, mais ainda quando o invejoso cai na armadilha de desejar o mal para outro, de querer ver seu "rival" se arruinar. Mal sabe ele que existe a Lei do Retorno e que Deus é mais forte que o mal feito. Que a couraça da fé é impenetrável, rechaçando os dardos das pessoas mal-intencionadas.

É importante aprender a *agradecer* por tudo que se tem, *louvar* pelo que virá, na certeza de que Deus é pai e "nada nos faltará", como reza o salmo bíblico (Sl 23).

A inveja não frutifica em corações puros, em espíritos que se abastecem das fontes que o Mestre Jesus apontou nas bem-aventuranças (Mt 5,1-12). Mesmo que o ego traga em si a semente humana da inveja, o Eu Superior dessas pessoas impede que ela germine e se desenvolva.

Um coração agradecido, satisfeito com o que possui, investirá no oposto da inveja: num sentimento *altruísta*, desejando o melhor para os outros, ciente de que nada lhe falta para que esteja satisfeito com sua vida.

Alegrar-se com o sucesso alheio, com as belas flores que brotam no jardim do vizinho, com a casa elegante, com a felicidade estampada no rosto dos outros: eis o desafio para superarmos pequenos ou grandes sentimentos de inveja.

Viver e deixar viver.

Alegrar-se e deixar que os outros se alegrem.

Eis o caminho: há o suficiente para todos!

"Ciúmes: é quando o coração fica apertado porque não confia em si mesmo."
(Luiz Gonzaga Pinheiro)

10. O porquê do ciúme

Se a inveja negativa é um sentimento de cobiça – de tudo que é melhor, mais bonito e atrativo, pertencente ao outro –, o ciúme é provocado pelo medo da perda.

Basta um olhar para ativá-lo. Um olhar insistente, provocador... e pronto! Ativado está o alarme! Alguém quer se apropriar do que é "meu"! Tem "ladrão" na pista...

Ciúme é um sentimento de *possessividade*, gerado pela insegurança, pela baixa autoestima, pelo medo adolescente de que alguém possa "roubar" quem lhe pertence. "Pertence"? Coisas até podem ser nossas, mesmo que um dia nada mais nos pertença, a não ser o bem que tivermos feito.

Ciúme é um sentimento terreno, fruto de nosso ego acostumado a apegos e posses. E como ele adora possuir! Dá-lhe prazer pensar ou dizer: *"isso é meu;* consegui-o graças a *meu* esforço...".

No tocante ao relacionamento humano, ao amor entre adolescentes e jovens, ao convívio entre casais "supostamente adultos", um ar de ciúme pode facilmente pairar.

– Será que não sou tão bonito, tão atraente, tão elegante, como o outro ou a outra, que está recebendo olhares admiradores de alguém?

– O que ele vê na "minha" mulher que lhe chama tanta atenção? Estará ela com um decote muito provocante, ostentando seus encantos femininos de forma insinuante?

– Será "meu" homem tão diferente ou melhor que o dela, para que fique admirando-o com esses olhos sensuais, que não se desviam dele, deixando-o encabulado e, ao mesmo tempo, provocando-o?

Tem "ladrão" na pista... Todo cuidado é pouco! Inseguramente falando, é assim. Imaturamente falando, é assim. Medrosamente falando, é assim.

E como seria agir de forma emocionalmente segura? Emocionalmente madura? Emocionalmente consciente do amor recíproco de cada envolvido nesse relacionamento?

Muito diferente ao certo! A situação é muito mais tranquila, merecedora da confiança mútua estabelecida entre eles. Sem esses medos "bobos" e infundados que tanto abalam a alegria de estar junto, de conviver prazerosamente com o outro, construindo a dois uma bela aventura de vida.

Ciúme: fragilidade humana. No pensar de muitos, pior que a própria inveja. Confundem-se em seus endereços. Entrelaçam-se em seus motivos. Onde um está, o outro se intromete. Os dois precisam ser dosados, amorizados, espiritualizados. Fazem parte do jogo. No entanto, não lhes caberia o direito de machucar, de roubar o apito do juiz e apitar em causa própria.

Olho neles!

Há "inimigos" infiltrados!

Queremos jogo limpo!

11. Seu papel destruidor

Motivo de desavenças frequentes entre namorados ou casais, de brigas e agressões, de separações litigiosas, de crimes passionais, o ciúme doentio é causador de inúmeros males que abalam a tranquilidade de corações que desejam amar-se ou que falsamente "acham" que se amam.

Inicialmente vamos fazer uma distinção necessária entre "espécies de ciúme". Basicamente são dois tipos de ciúme que entram em cena.

Ciúme "normal": aquela dose que todo amor, vez por outra, experimenta. Esse tipo de ciúme se revela como uma ligeira insegurança em relação à esposa ou marido, diante de situações um tanto estranhas ou mesmo constrangedoras que certos encantos ou que certas pessoas, "mal-intencionadas", de olho no "alheio", provocam.

Às vezes, esse tipo de situação ocorre no intuito de ver "o circo pegar fogo", ver qual será a reação que ele ou ela terão perante elogios maliciosos ou olhares provocantes.

Um pouco de ciúme faz parte do relacionamento e pode ser considerado saudável. Bem interpretado, reafirma o propósito e estreita os laços – às vezes frágeis – que facilmente poderiam romper-se.

Dizem até que um pouco de ciúme "apimenta" o amor, tornando seu gosto mais forte e picante. O que não deixa de ser bom...

Ciúme "doentio": o vilão da história. Mais frequente do que imaginamos, está sempre atento, prestes a causar estragos. E muitos!

Em primeiro lugar, esse tipo de ciúme tolhe a liberdade do outro. Impede a outra pessoa de ser ela mesma, de ser espontânea. Tudo é motivo de discussão e mal-estar: não se pode olhar para ninguém, não se pode cumprimentar a alguém de forma efusiva, nem ficar conversando com estranhos, ou mesmo conhecidos.

Ciúme doentio agride não apenas verbalmente, mas, até mesmo, fisicamente. Eu tive, inúmeras vezes, em festas ou bailes, o desprazer de ver o marido agredindo a esposa, com disfarçados beliscões ou bruscos puxões de braço, chamando-lhe a atenção com um olhar irado ou palavras descabidas.

Quanto sofrimento em vez de alegria! Quanta desconfiança em vez de maturidade!

Ciúme doentio mata. Crimes passionais se multiplicam dia a dia, fazendo vergonhosamente parte da raça humana, que ainda tem muito a evoluir.

Mata-se "por amor"... Terrível paradoxo! Amor que é amor faz viver, liberta, promove, eleva, é incapaz de matar.

Ciúme doentio necessita de terapia. É *doença* e, como tal, deve ser encarada. E doença precisa de tratamento, de ajuda de psicólogo, de terapia de casais, de ajuda psiquiátrica... Cada caso é único e assim deve ser tratado.

Para evitar problemas maiores, aquele que for vítima de ciúme doentio, de pessoas neuróticas ou, pior ainda, de psicopatas sociais, verdadeiros "lobos em pele de ovelha", deve ir em busca de seus direitos de pessoa livre, prerrogativa indispensável para o amor.

Só quem é livre pode amar.

Liberte-se!

12. Terapia de superação

Ciúme doentio é de difícil aceitação da parte de quem o pratica. Reconhecer-se "doentiamente ciumento" não é tarefa tranquila para seu portador. O que todos constatam, o que é notoriamente visível, o que a vítima do ciúme insiste em rechaçar, o ciumento não admite possuir.

Falamos aqui de homens e mulheres que ainda têm a coragem e a firmeza de reagir. A grande maioria se cala, encolhendo-se em seu silêncio e na tácita aceitação de ser tratado assim. Para não piorar a situação, omitem-se. Engolem as ofensas. Enchem-se de mágoas. Por vezes, de revoltas e raivas. E o amor – se ainda existia – lentamente vai morrendo, tal como a própria vítima do ciúme esmorece e morre psicologicamente, anulando-se amargurada. Triste cenário! Triste realidade!

Consciente de seu estado doentio, o homem ou a mulher que desejem viver mais plenamente o amor, podem curar-se desse mal.

- A *consciência* é o primeiro passo para a cura. Aceitar o fato de ser ciumento é o primeiro passo para a terapia.
- A *vontade* de querer libertar-se corrobora com a consciência da mudança.
- A psicoterapia é necessária. Para tal, *quebrar o orgulho que o ego ostenta* é um dos primeiros empecilhos que o ciumento enfrenta.

O ego é pretencioso e, como Eva no Paraíso, acusa a serpente pelo mal de que padece. A culpa é sempre do outro, da outra que não sabe se comportar "como deveria". Este "deveria" é o ego do ciumento que estabelece. Para ele, o "certo ou o errado" são parâmetros seus, que *só ele* conhece e quer que sejam válidos para os outros.

Crer na superação é predicado indispensável do terapeuta e, evidentemente, do paciente. Necessário se faz oferecer ao paciente um conjunto de conhecimentos sobre o funcionamento de sua mente e ferramentas eficazes de reprogramação. Também é de boa ajuda dialogar com a vítima sofredora do ciúme doentio. Ela igualmente precisa de uma nova postura perante o agressor. Para não se perpetuar em sadomasoquismo, a intervenção de quem é alvo dos acessos de ciúme é fundamental. Só assim, dialogando com os dois, numa fase mais avançada da terapia, é possível realizar a superação: a cura de um mal nada fácil de tratar.

Para os que sofrem desse mal: causadores e vítimas, *é urgente libertar-se*. Ainda é tempo de superar a doença que envenena o amor. Amor envenenado não persiste. Morre, arruinando a vida dos dois, infernizando a relação. Ainda é tempo de virar o jogo e festejar a vitória. O esforço e a colaboração de ambos salvarão o amor. Se ambos assim o quiserem, a cura é possível.

*"Maldade: é quando arrancamos
as asas do anjo
que deveríamos ser."*

(Luiz Gonzaga Pinheiro)

13. Fofocas: línguas afiadas

Até mesmo o Papa Francisco, numa de suas muitas e oportunas declarações, mencionou as fofocas como sendo "filhas da inveja e do ciúme". Por cobiçar, fala-se mal. Por ter medo de perdas, defendemo-nos falando mal. Fofocas são "frutos da maledicência, irmãs-gêmeas dos fuxicos, do disse me disse" que tanto mal-estar e desunião causam às famílias e às comunidades.

Ouçamos as próprias palavras do Papa Francisco em sua homilia do dia 23 de janeiro de 2014:

> As pessoas invejosas e ciumentas são amargas: não sabem cantar, não sabem louvar e não conhecem a alegria.
> Semeiam sua amargura e a difundem em toda comunidade.
> Outra consequência deste comportamento são as fofocas, porque, quando uma pessoa não tolera que outra tenha algo que ela não tem, tenta rebaixá-la, falando mal dela. Por trás de uma fofoca estão sempre os ciúmes e a inveja.

A sabedoria popular classifica os fofoqueiros dizendo terem "línguas afiadas": cortam tudo, indistinta e levianamente.

"Línguas afiadas" são línguas de serpente. Traiçoeiras. Venenosas. Enganadoras. Dizem uma coisa, mas pensam outra. Levantam suspeitas. Geram desconfianças.

Fofoca é atitude leviana de quem não tem o que fazer. De quem não mede as consequências de suas palavras. De quem pouco se importa com a dor alheia. De quem, ao contrário, quer ver o outro sofrer, enquanto ele, sadicamente, alegra-se com a desventura do próximo.

Outro mal das fofocas é sua natural capacidade de gerar um clima pesado, de descontentamento, entre os atingidos pelos dardos envenenados das "línguas afiadas". Sentindo-se injustiçados – normalmente é isso que acontece –, reagem com tristeza, fechando-se, quando não revidam, agredindo com mais fofocas ainda. "Olho por olho": a lei do Talião está vigorando. Salve-se quem puder!

Em termos de uma espiritualidade um pouco mais evoluída, fofocas são literalmente "falta de caridade", porque ferem a honra alheia e mancham o bom nome de quem, muitas vezes, não tem nada a ver com os tendenciosos comentários a seu respeito. Obviamente é falta de amor, é agressão verbal que inferniza a vida dos atingidos. É exatamente isso que os fofoqueiros pretendem: bagunçar o emocional dos outros.

– Como defender-nos das "flechas envenenadas"?

– Ser maior e mais forte que o dardo lançado?

– Ser positivamente superior ao intento maléfico de quem fala mal de nós?

"Se alguém fala mal dos outros para você, certamente falará mal de você para os outros."

Desconfiar de "serpentes", sempre! Isolar seu veneno, sempre! Fugir delas, sempre!

Se ninguém lhes desse atenção, os fofoqueiros perderiam sua plateia. Se ninguém as acolhesse, as fofocas retornariam para quem as proferiu.

Vale aqui lembrar a Lei do Retorno: "línguas afiadas" atrairão outras, mais afiadas ainda, que as destruirão. Nunca é demais se prevenir. Se temos telhado de vidro, não devemos jogar pedras no telhado do vizinho...

Só o verdadeiro amor é capaz de calar. Quando fala, fala bem do outro.

Só a libertação da necessidade neurótica de desmerecer os outros para, assim, sentir-se bem, fará você crescer na caridade.

Eis o único remédio para as fofocas, o único que é realmente eficaz: a prática do amor.

14. Intrigas familiares

Em meus atendimentos terapêuticos, deparo-me frequentemente com situações lamentáveis. Pessoas que se dizem relegadas pelos pais, injustiçadas pelos irmãos, menosprezadas pelos tios ou avós e que, evidentemente, sofrem de infindáveis mágoas, geradoras de revoltas e depressão.

Outra situação triste é a inveja entre irmãos. Pior ainda quando as diferenças de tratamento são proporcionadas pelos próprios pais! Sempre há um "filho predileto" para a mãe ou para o pai, a quem são concedidas todas as regalias, em detrimento dos outros filhos. Quadros deploráveis que nossas famílias registram! O ciúme – causado pelo medo e pela insegurança por ver os pais privilegiando a apenas um dos filhos – mistura-se à inveja e intriga, tornando as relações familiares cada vez mais insuportáveis.

Pais que determinam quem pode ou não cursar faculdade. Que estabelecem quem vai trabalhar fora para ajudar no sustento da família e quem fica em casa, lidando com os afazeres domésticos. Oportunidades desiguais, melindres e ressentimentos à flor da pele: eis a situação que se instala em certas famílias.

Tão frequente quanto o quadro aqui descrito – que hoje infelizmente ainda persiste – é a questão de heranças.

Brigas homéricas se perpetuam entre irmãos, a ponto de se romper laços afetivos, de se perder o convívio em família ou, até mesmo, de se chegar a juras de morte.

Na zona rural, é comum a intriga pela distribuição desigual de terras – assim o julgam as partes que se dizem preteridas –, mesmo que os pais justifiquem o contrário.

Na cidade, casas ou apartamentos são os motivadores de brigas na família. Porque sempre há alguém que se julga injustiçado.

É como se a inveja fosse um sentimento universal e inevitável, que necessariamente tem que se manifestar em algum momento, mesmo entre as melhores famílias e nas mais bem-intencionadas partilhas. Entenda, quem puder, a complexidade do ser humano!

Diz-se, com muito acerto, que "herança é uma coisa que os mortos deixam para que os vivos se matem"...

Descontados certos exageros, quando se trata de inventário pela morte de um dos pais – às vezes, de ambos –, a situação é deveras triste e delicada. Quanto sofrimento a mesquinhez humana é capaz de criar!

Quanta rivalidade – até então escondida – surge de repente de quem menos se espera!

Quer conhecer melhor alguém? Observe-o no momento da partilha. Mexeu com dinheiro, mexeu com os apegos do ego. São raros os generosos. São poucos os compreensivos. Se o *amor* não for convidado para sentar-se à mesa de negociações, as amarras do egoísmo não irão soltar-se. Sem isso, é difícil libertar-se da *ganância* que irrompe nessas horas.

Em vez de agradecer pelo que a vida lhe tem gratuitamente oferecido, briga-se pelo dom que lhe foi outorgado pelos pais, muitas vezes até sem qualquer mérito.

Se os filhos tiveram, dos pais, todas as atenções e cuidados de que necessitavam, a herança será gratuidade. Que cessem, pois, as intrigas! A memória de nossos pais merece isso.

Busquemos a paz. Afinal, somos ou não somos irmãos?

*"Rancor: é quando se segura
um carvão em brasa na mão
com a intenção de atirá-lo em alguém."*
(Buda)

15. As raivas que nos corroem

Toda a gama de sentimentos negativos que analisamos ao longo destas páginas – e muitos outros – podem transformar-se em *raiva*, escondida ou manifesta nas mais diversas atitudes.

Há indivíduos extremamente descontrolados, cheios de ódio e sentimentos de vingança. Alimentam suas raivas imbuídos pelos mais variados pretextos.

– "O ofendido fui eu."

– "Só eu sei o quanto sofri e estou sofrendo."

– "Queria ver você em meu lugar...".

– "Perdoar um criminoso, um assaltante, um sequestrador?... Eu não!".

Em muitas passeatas de protesto contra a violência, percebo que há sinais camuflados de ódio. As pessoas portam diversos cartazes que em nada favorecem a paz. Se é realmente a paz que procuramos, cuidado! Violência não se cura com "pedidos de justiça", quando estes vêm disfarçados com espírito de vingança. Acaso adianta relembrar constantemente uma tragédia, morte ou acidente, se queremos curar nossa alma da dor? Que "justiça" é essa que alguns exigem? Só "descansarão" quando a justiça for feita, como se o universo não tivesse também a sua justiça para fazer?

Raiva, ódio, vingança, sentimentos tóxicos que nos corroem por dentro, adoecem o coração, atrapalham o bom funcionamento do fígado, do estômago e dos próprios intestinos, presos nesse emaranhado de emoções prejudiciais.

As raivas adoecem o corpo todo. As mais variadas doenças podem manifestar-se. São coceiras, pruridos, alergias, urticárias, tudo que irrite o corpo, uma vez que o espírito está irritado. Há um permanente sentimento que incomoda, que "coça por dentro", somatizando na pele os sinais do descontrole.

O ódio é um grau avançado de raiva. É mais profundo, mais vingativo, mais destruidor. A própria medicina admite, sem titubear, que *o ódio mata*. Mata o coração afetivo. Mata até mesmo o coração físico. E, por falar nisso, os homens são os mais propensos aos infartos, sem que haja idade privilegiada para isso acontecer.

O ódio é uma epidemia de certas crenças fundamentalistas, de certas nações que se exterminam fratricidamente, alastrando cada vez mais a pólvora explosiva da vingança entre os povos.

Em todos os sentidos, os estragos da raiva, da ira, do ódio são nefastos e progressivos. *Violência atrai violência*, gerando situações destruidoras e ameaças permanentes a quem com elas convive.

Pensemos nas favelas, bairros ou cidades dominadas pelo tráfico de drogas. Há uma guerra declarada, de dominação e morte, visando unicamente ao império da droga, do dinheiro sujo que acarreta a lenta e irreversível destruição do ser humano. Maconha, cocaína, *crack*... tudo que aniquila a moral, enfraquece os bons costumes, desmerece os valores éticos, destruindo lentamente o cérebro e matando o corpo.

Está em ação um ego possessivo, explorador, que cobiça apenas dinheiro e poder. Em nada lhe preocupa a saúde e o bem-estar de adolescentes e jovens, aliciados para suas fileiras. Defendem suas "fortalezas" com a morte implacável de seus opositores, sejam eles quem forem. E, mesmo atrás das grades das prisões de "segurança máxima", continuam a comandar o crime organizado.

Nossas raivas, certamente, são menores que os prejuízos descritos. No entanto, *são raivas*. E, como tal, *nocivas* e *destruidoras*.

O importante é libertar-se delas, antes que prosperem.

Com elas, o amor não consegue coabitar. A luz não convive com as trevas.

Pense nisso e deixe o amor entrar.

Assim que ele vier, as raivas sairão pela porta dos fundos...

16. Separação: um doloroso aprendizado

As estatísticas são alarmantes: o número de casais separados aumenta dia a dia. As crianças costumam ficar fragilizadas e, infelizmente, em muitos casos, os filhos pequenos se tornam motivo de desavenças constantes entre os pais, que os disputam como simples mercadorias. Em filhos maiores, as marcas também existem, se bem que um pouco amenizadas pela idade. Uma coisa é certa: separação é um *doloroso aprendizado*, tanto para os pais quanto para os filhos.

Falo em "aprendizado" por ser a única maneira de encarar positivamente a situação, nem sempre desejada, mas, às vezes, inevitável.

- Há *lições* a serem aprendidas.
- É um *ciclo de vida* que termina.
- Permanece o *compromisso* de continuar sendo pai ou mãe.
- As *mágoas* da separação precisam ser superadas pelo perdão.
- É preciso ficar atento a possíveis *chantagens emocionais* que insistam em aflorar, nem que seja apenas de uma das partes.

Toda separação merece uma cuidadosa análise dos passos que a levaram a efetivar-se. A responsabilidade pelo cultivo do amor é dos dois. Difícil haver um "único culpado", se bem que há casos em que isso se configure, mais por motivos de doenças mentais, transtornos depressivos ou neuróticos, em que uma das partes simplesmente decide romper os laços conjugais, sem possibilidade de acerto. Na maioria dos casos, porém, é o amor e o cuidado de ambos, um pelo outro, que vai diminuindo ou esfriando o relacionamento.

- O *excesso de trabalho*, os compromissos sociais, as viagens exigidas pela profissão, tudo isso faz com que se produza um grande nível de estresse.

- Os *filhos* normalmente exigem muitos cuidados da mãe, além de suas atividades profissionais e da administração do lar, o que a deixa exausta, prejudicando sua disposição e sua libido.

- As *preocupações financeiras*, muitas vezes, vão se avolumando, as prestações a pagar, dívidas já vencidas... e o dinheiro que quase sempre termina bem antes do fim do mês deixa todos preocupados.

Nesse estado de coisas, só mesmo *um grande amor* mantém o casal unido. O interesse mútuo, afetivamente compartilhado, o apoio irrestrito um ao outro, a amorosa compreensão das reais dificuldades psicológicas e físicas de cada um, a explícita cumplicidade em levantar o ânimo de quem está abatido, sentindo-se pouco valorizado: todo esse conjunto de atitudes positivas podem salvar o casamento de naufragar. Quando, no entanto, a *indiferença* se instala entre os dois, quando a *desconfiança* e o *ciúme* se interpõem, quando a *irritabilidade*, a rispidez ou o *desrespeito* se manifestam no dia a dia... o amor esmorece, perde seu brilho e seu encanto, perde a essência que lhe dá sentido.

Até que um dia, um dos dois vai embora, às vezes sem aviso prévio. Parte silencioso ou entre lágrimas... magoado, sentindo-se mal-amado, desgostoso da vida... Quem fica, nada entende, ou até entende tudo que está acontecendo, ainda que restem interrogações e explicações não dadas. E, assim, aquele amor que um dia foi bonito, cheio de juras e esperanças, acaba. Misteriosa ou inexplicavelmente, sabida ou compreensivelmente, acaba.

– E agora, José?

– E agora, Maria?

O que nos diria o poeta?

A bem da verdade, há casais que só descobrem que se amavam após a separação. Por isso mesmo, refazem os laços rompidos. Há outros, no entanto, que continuam separados e que sofrem por "descobrirem tardiamente" que se amavam.

17. Os quatro "entos" do casamento

Para elucidar um pouco mais um tema tão sério, amplo e controvertido, uma vez que nossa intenção é convidar o leitor a aprofundar suas reflexões a respeito da sempre mais propalada separação, voltemos nossos olhos às origens do amor, seu desenvolvimento e sua sustentabilidade, ou seu esmorecimento e sua separação.

São quatro as principais fases pelas quais todo casamento passa. Seja feito com base em união estável, seja, como se diz, de "papel passado", seja com a bênção da Igreja e a anuência do juiz, ou de qualquer outra forma, todo casamento inicia com um sentimento mútuo de atração, normalmente bem-visto e aceito pelo casal.

a) O primeiro dos quatro "entos" é o *enamoramento*. Enamoramo-nos um pelo outro. Encantamo-nos. Apaixonamo-nos. Tudo é vida, festa e cores! O coração fica acelerado, frenético. A *paixão* predomina e, por causa dela, casamos. O amor ainda é imaturo, principiante. A paixão, no entanto, é forte, capaz de superar qualquer barreira, enfrentar qualquer obstáculo, romper qualquer empecilho que se interponha entre os dois.

b) A vida de casados inicia o segundo "ento" dos quatro a elucidar. Vida a dois, juntos todos os dias, trabalho, casa, contas, afazeres domésticos, filhos... enfim: começou o que tanto, sinceramente, sonhávamos. Em seu bojo, porém, a convivência carrega um traiçoeiro desgaste. Superável, quando o casal é consciente e comprometido com o bem de ambos. Inevitável, quando o *descontentamento* sorrateiramente se aninha no coração do casal ou de um dos cônjuges, mais fragilizado. Tudo perde a graça inicial e a monotonia se instala. O amor está a perigo! É urgente acordar! É urgente reagir! Ainda é tempo de reverter sentimentos tão adversos. Mas tem de ser logo!

c) O terceiro "ento" acontece quando as providências no sentido de reavivar o amor adoentado não foram tomadas. Deixou-se o barco à deriva. E os ventos da desunião sopraram fortes. É o *desencantamento* pela vida conjugal, pelo parceiro ou parceira que tanto se amava antes, que misteriosamente se interpõe entre os dois. Uma sofrida barreira emocional se ergue: é um muro praticamente intransponível. Surgem desgostos, nascem mágoas, crescem frustrações e os primeiros audíveis arrependimentos de terem casado ecoam tristemente pela casa. O desencanto vai tomando conta da situação. A desilusão e a tristeza se manifestam. A ideia da separação toma forma. "Quem sabe essa seria a solução para nós", pensam ambos. E os filhos? Neles ainda não pensaram. "Pensaremos depois", dirão eles. E o amor se enfraquece e debilita sempre mais. "Vale a pena continuar assim?", perguntam-se então. É grande o descontentamento, tão forte que não mais vislumbram saída.

d) A quarta fase do casamento tem três alternativas. Estamos falando de um possível e necessário *reencantamento* para o amor sobreviver. Essa é a alternativa mais desejada, pela qual torcemos em nome do amor.

Com a ajuda de uma terapia de casais, com a força da fé e muito boa vontade, isso é possível. Como o assunto é de extrema importância, dedicaremos a ele o próximo capítulo, dando-lhe o destaque especial que merece.

E as duas outras alternativas que compõem o quadro da quarta fase do casamento? Uma delas é muito praticada. "Em nome da família, da sociedade, da Igreja, dos amigos" que desejam o casal unido, leva-se a vida monotonamente, suportando um ao outro, porque essa é a solução mais cômoda, no pensar dos cônjuges.

Será também a mais digna?

A mais autêntica? A mais gratificante?

A mais realizadora?...

A terceira alternativa é separar-se. Se das três, à primeira vista, é a menos aceita ou recomendada, há casos em que pode ser a melhor solução. Melhor para acabar com o sofrimento e o desgaste, tanto para o casal quanto para os filhos. Se o amor – que é o único verdadeiro pilar de um casamento – já ruiu, a casa não mais se manterá de pé.

Separar-se, em certos casos, é a mais honesta atitude a ser tomada. A decisão nem sempre é pacífica, consensual. Por vezes, é conturbada e dolorosa. Em todos os casos, é um amargo aprendizado.

*"Ternura: é quando alguém olha
e os olhos brilham como duas estrelas."*

(Luiz Gonzaga Pinheiro)

18. Reconstruir, sempre que possível

O "reencantamento", em nome de um amor moribundo, mas não morto, é sempre a melhor solução. Às vezes, também, a mais difícil. Possível, no entanto, ao pensar na bela trajetória traçada pelo casal ao longo dos anos, no amor inicialmente tão bonito e ardente que ainda está vivo qual brasa sob as cinzas, nos filhos e, quem sabe, nos netos, que adoram os pais e avós e gostariam de vê-los juntos, unidos e felizes.

Cada caso é um caso. Como tal, precisa ser analisado como único. Não há termos gerais de comparação que facilitem a outros por ter ajudado a alguns. O certo é que há pontos em comum que devem ser levados em consideração.

– A chama do amor ainda não se apagou totalmente? Está fraca e bruxuleante, apaga-se e acende de novo? Então há esperança! O amor ainda existe, mesmo que tibiamente.

– Existe interesse e boa vontade de ambos em reconstruir o casamento, superar os impasses, remover os obstáculos, renascer para o amor? Ótimo! Mãos à obra!

A terapia de casais é uma importante ferramenta. Auxilia a clarear as ideias na reconstrução dos pilares fragilizados e a recompor os laços que estavam por romper.

O aconselhamento espiritual – junto ao seu pároco, pastor, ou ministro de sua igreja – é outro fator fundamental que abranda o coração, muitas vezes ferido e sofredor.

Participar de eventuais Encontros de Casais pode ser extremamente útil, até mesmo salvador.

Fortalecer sua fé pela oração, pela participação em sua comunidade religiosa, é outro fator influente na superação de mágoas e desgostos.

Só a fé – aliada a um grande amor – é capaz de perdoar uma traição. É bom lembrar-se disso nos momentos difíceis, quando a reconstrução do relacionamento parece impossível. *Nada é impossível para a fé.* Existem, sim, obstáculos transponíveis, mesmo que desafiadores. Foi esse o ensinamento do Mestre ao falar da fé. E sua palavra não falha.

Sempre que possível, o ideal é *reconstruir*. Reencantar-se. Voltar a namorar. Reacender a chama. Despertar a paixão. O amor – sempre tão belo, quando aceso – quer brilhar de novo. Vale a pena acreditar! Vale a pena amar de novo!

Minha experiência terapêutica e de orientação espiritual comprova essa tese: é possível reavivar o amor, quando ambos soprarem juntos, visando reacender a chama.

Acompanhei, ao longo de anos, inúmeros casais que conseguiram. E estão felizes por tê-lo conseguido. Houve outros que se separaram, após inúmeras e honestas tentativas de acerto, sem deixarem de lado o cuidado com os filhos, cientes de que serão "pais sempre; marido e mulher, nem sempre".

Os menos felizes talvez sejam os acomodados, sem coragem para separar-se nem ânimo para renovar o casamento. Vivem um mero relacionamento de fachada, insosso e sem encanto. "Mornos", como diria o Mestre Jesus.

E o coração do homem e da mulher, os quais foram criados por Deus para não ficarem sós (Gn 2,18), continua sua jornada em busca do amor. Sua finitude assim o requer. Sua enigmática e fragmentada condição humana dificulta a convivência. O amor, porém, é "teimoso", persistente e cheio de vontade de vencer. Insiste, sempre de novo, em erguer-se das cinzas, qual fênix ressurgida, e viver, *viver para sempre*.

19. Um amor que liberta

Nosso ego é possessivo. Cheio de apegos, sente-se dono das coisas e dos outros. Vive engendrando ciúme, armando "barracos", dando escândalos. Tudo "em nome do amor"...

– Que amor, no entanto, é esse?

– "Caricatura" de amor, desvirtuamento de um tão sagrado e único sentimento?

O amor verdadeiro é muito mais. É água da fonte de Deus, de essência divina. É superior às mesquinharias de nosso ego. *É livre e deixa ser livre.* Amor não se impõe. Não se obriga. Não necessitaria de papéis, se assim a própria condição humana – insegura e desconfiada – não o requeresse.

Amor se compromete e permanece unido a alguém porque assim, *livremente*, ele o quer. E ao amar, sabe-se envolvido, cúmplice, parceiro, amante, amado... porque amar lhe dá prazer, alegria, contentamento. Seu coração não precisa de laços que o prendam: ele mesmo se "amarra" ao ser amado.

Uma das características mais incompreensíveis do amor é que só ele é capaz de deixar livre quem não mais deseja permanecer com ele. Quem ama verdadeiramente é capaz de entender que o outro tem o direito de escolher, mesmo que tais escolhas contradigam o que se deseja. E, por contraditório e paradoxal que pareça, "em nome do amor concedo-lhe o direito de escolha".

Amar é uma escolha. Diariamente renovada, perdura uma vida toda. Deixar alguém partir porque você o ama é o supremo desafio do amor. É como a águia que liberta o filhote de sua dependência, largando-o no vazio, por saber que ele é capaz de voar com suas próprias asas.

Amor é libertação. Ingredientes que a complementam, se interligam e nos tornam verdadeiramente adultos.

Dizem os sábios que, quando você se sentir "inteiro", só então será o momento de procurar sua "metade". Mais um paradoxo, mais um enigma de um amor eternamente misterioso.

Quanto mais necessitado, quanto mais "metade", mais incompleto continuará. Apenas uma "metade preenchida", plena, pode completar outra, que esteja em idênticas condições. É a atração do grande amor, daquele que é, cada vez mais, bonito, alegre, gratificante. É a suprema felicidade, nos limites terrenos, que o coração de um homem e de uma mulher são capazes de vivenciar.

Acima disso, apenas Deus, o Amor supremo que definitivamente preencherá nosso anseio, aquietará nosso coração insatisfeito.

Aventure-se!

Você merece um amor assim!

*"Solidão: é quando, cercado por pessoas,
o coração não vê ninguém por perto."*
(Luiz Gonzaga Pinheiro)

20. Depressão: amarras do passado

Na raiz de toda depressão estão problemas do passado não resolvidos. Tornam-se com o tempo tão agudos que a depressão é considerada uma "doença da alma". É o "coração emocional" que dói. Provoca aperto no peito, sufoco e angústia, quase desespero.

O nome que os problemas do passado não resolvidos recebem são os mais diversos. Um amor traído, uma mágoa encrustada, a perda de um filho, a falência financeira, um sonho desfeito, uma separação não aceita... As causas são diferentes, o resultado é sempre o mesmo: uma profunda *dor na alma* que prostra a pessoa, tira-lhe o apetite, subtrai-lhe a vontade de viver.

Analisando, com mais acuidade, a origem e o desenvolvimento da depressão, constatamos imediatamente alguns pontos comuns, mesmo sendo cada caso único.

Depressão são amarras. O passado negativo está preso na mente e no coração do depressivo. Sem que tenha consciência disso, vive agarrado a suas mágoas, desilusões ou desgostos, sem capacidade de libertar-se desses contratempos que há anos o afligem.

Há casos extremos em que o depressivo se nega a libertar-se. Não aceita conceder perdão, porque é o "outro" que deveria procurá-lo. Propositalmente se faz de vítima, disposto a sofrer.

Sofre, mas não aceita perdoar, não libera o mal que lhe fizeram, como, por exemplo, a traição do marido que lhe trocou por outra, deixando-a na miséria e no abandono, com filhos pequenos para criar...

Se alguém deseja a cura da depressão, é indispensável *desprender-se do passado*, perdoando-o. Que fique onde é o seu lugar: no passado. O pensamento recorrente da mágoa o traz de volta, sempre de novo. E, sempre de novo, sofre-se. A dor do ressentimento age exatamente assim: mais uma vez e sempre de novo sofre-se o que há anos já se sofreu. A releitura expande o trauma, amplia a mágoa, piora a traição. São novas emoções que a cada releitura se acrescentam ao fato original, impossibilitando a sua libertação.

A ajuda da psicoterapia é muito importante. Há técnicas modernas de reprogramação. Há novos arquivos – de uma vida mais saudável e alegre – a serem editados. *Depressão tem cura*, convença-se disso, amigo. O único que pode impedir isso é o "ego ferido", que persiste em continuar doente.

A fé também é um excelente aliado. Volte-se para Deus, mas ouça seus profetas, aqueles que desejam ajudá-lo a curar-se.

Lembre-se, amigo leitor: é a grandeza da alma que supera os males do passado. Nosso ego prefere acusar, achar culpados pela depressão, mas não assumir sua responsabilidade. Ele não é nada generoso, nada abnegado. O amor, sim: o amor liberta.

Não é um simples chavão: é a mais pura realidade.

Sem uma boa dose de amor que lhe dê a coragem de libertar-se, seu ego vai persistir em deixá-lo amarrado ao passado.

A escolha é sua.

A cura poderá ser a sua vitória.

Quer festejá-la?

21. Traumas são superáveis

Os motivos causadores de traumas são os mais variados. Acidentes, assaltos, sequestros, mortes de entes queridos, separações... Todas essas são situações que a mente grava e que causam forte impacto, podendo permanecer na memória durante anos ou mesmo a vida inteira.

Traumas são *marcas profundas* que o arquivo da memória existencial imprimiu, carregadas de medo, ansiedade, tristeza, revolta, inconformidade, dependendo do conteúdo específico que as originou. Sua cura depende também de vários fatores, todos necessários para que a mente se liberte dessas amarras.

Traumas, realmente, são *amarras*. São laços que o prendem, são grilhões que o aprisionam. Você fica preso ao passado, a um fato – ou vários deles – que entristece sua vida, paralisa e empobrece seu estado emocional.

Traumas impedem a pessoa de progredir, de ser livre, de viver plenamente, e exigem cuidados através de terapia, para que seu significado seja reeditado, abertos arquivos novos que possam "empurrar" os antigos para a periferia da mente.

Às vezes, você precisa de fé e coragem para fazê-lo. Por exemplo, além da perda, da morte de um filho, pode haver ainda a necessidade de perdoar o "causador" dessa morte.

– Como você vai perdoá-lo, sem fé?

– Como você pode ser maior, ter grandeza de alma, se Deus não iluminar seus sentimentos?

– E ao assaltante, ao sequestrador, ao traficante, como você conseguirá perdoá-lo pelo mal que fez?

Em sua revolta, nem mesmo Deus é poupado.

Você o culpa por ter levado tão cedo seu ente querido, ou por certa pessoa ter morrido de forma tão trágica...

Uma coisa é certa: quanto mais você insistir em lembrar o fato (com exposições de fotos, passeatas de protesto, idas ao cemitério...) tanto mais o trauma se aprofundará. Sua releitura o torna cada vez maior e mais forte. "Como posso não me lembrar?", dirá você. Lembrar, sim. Lembrança não dói. É a ferida que dói. Trauma amorizado, aceito, ressignificado, perdoado... com o tempo deixa de doer. Cura-se lentamente a ferida. Desfaz-se a dor. Fica a lembrança.

Traumas são superáveis. Admita, em primeiro lugar, que conseguirá superar isso. Suas crenças contrárias de que "essa dor jamais passa", de que foi terrível demais, de que mãe ou pai que amam um filho nunca conseguirão estancar a dor, irão atrapalhar ou até impedir a cura.

Você é maior que seu trauma. Você é um ser espiritual, capaz de transcender os meros horizontes terrenos. Você pode olhar "além", alcançando com os olhos da fé os horizontes de Deus, onde todo e qualquer trauma é curável. Toda e qualquer lágrima é enxugada. Toda e qualquer ferida é curada.

É importante, porém, amigo leitor, que você queira. Deseje de coração libertar-se. Parar de sofrer. Sorrir de novo para a vida.

O sol continua a nascer cada dia. A luz brilha sempre de novo.

A alegria de viver ainda continua viva. É preciso descobri-la novamente.

Liberte-se!

Você verá que é bem melhor ser livre!

22. Um sentido para a vida

Tudo que o ser humano mais necessita é descobrir – ou criar? – um sentido para a vida. Um significado de orientação, de força, de poder, que o impulsione para a frente e o faça desvendar horizontes jamais imaginados.

Sem foco, sem determinação, sem persistência, sem disciplina... os horizontes serão triviais. Seu alcance será fácil e corriqueiro e não exigirá esforço algum.

Horizontes mais amplos, sempre novos, desafiadores, exigem mais: requerem comprometimento com o sucesso, entrega de corpo e alma, dedicação total e desapego de tudo que possa desviá-lo de seus objetivos.

Um homem realizado, uma mulher plenificada, vivem sua vida com um sentido maior: veem o infinito na finitude de seus olhos, veem o eterno no transitório de seus dias.

– Você vive para quê?

– Qual a *esperança* que preenche seu coração peregrino?

– Qual a *fé* que acalenta seus passos, tantas vezes cansados?

Nada mais pleno e gratificante do que sentir que a vida é uma constante descoberta e que Deus faz parte dessa busca que ultrapassa os meros horizontes terrenos.

Um dia... sim, um dia a gente volta. Retorna à casa do Pai, como Jesus nos alertou, lembrando que aí "há muitas moradas" (Jo 14,2). Uma delas o Pai nos preparou para fixarmos "residência" e terminar definitivamente nossa vida peregrina. Aqui é travessia.

Estamos de passagem, única e exclusivamente de passagem.

E nossos pertences? O que realmente levaremos daqui? Nem terras, nem casas, nem carros, nem dinheiro... nada a não ser o bem que tivermos feito. Levaremos os frutos do amor, e somente isso. Das virtudes teologais que existem, só o amor permanecerá conosco eternamente, pois a esperança não mais será necessária e a fé será dispensável, pois veremos a Deus face a face como ele é. Mas o amor, este sim, terá valor, só ele dará sentido a nossa caminhada terrestre e só ele subsistirá (1Cor 13,8-13).

Este é o sentido mais profundo da vida. Aquele que transcende nossa míope visão humana, aquele que plenifica os intermináveis anseios do nosso coração insatisfeito.

Um sentido para a vida: eis o desafio que a própria vida nos propõe. Ela é sagrada. É eterna. E o Mestre no-la quer em abundância (Jo 10,10). Vida que valha a pena. Que nos faça felizes e realizados, porque o céu começa aqui. Quem não é capaz sequer de vislumbrá-lo, como quer nele entrar?

Que a alegria que vem de Deus e, como tal, supera toda e qualquer alegria humana, povoe seu coração, amigo leitor. Se for preciso, dê um novo sentido ao seu viver. Você descobrirá que é magnífico e que vale a pena apostar no amor. Apenas nele.

23. O poder curativo do perdão

Perdoar liberta. Perdoar devolve a inocência ao culpado. Recobre o perdão com as vestes da pureza, como se nada tivesse acontecido. Como se a culpa não tivesse existido. Perdoar ressignifica o mal praticado. É como abrir uma janela em nossa mente para que nova luz consiga entrar.

Perdoar não é necessariamente esquecer. É lembrar sem dor, sem revolta, sem desejo de vingança. Perdoar é permitir que Deus nos fortaleça e sua luz invada o recinto de nossa alma, clareando as trevas do sofrimento que nos perturba.

A *fé* nos leva a realizar o milagre: unicamente a fé. O poder curativo do *perdão* nos unge com seu bálsamo. Por nós mesmos, seríamos incapazes de perdoar. Deus agiu em nós para que pudéssemos ter um coração abnegado e magnânimo, maior que a ofensa, maior que a mágoa, maior que a raiva.

Perdoar é instaurar novamente a paz onde o conflito reina. Fazer as pazes com o passado, com todos os percalços, fracassos e derrotas que a inexperiência nos infligiu, que o medo nos impôs, que a falta de ousadia nos fez amargar. Este é um princípio de sabedoria para viver feliz.

Na aceitação pacífica do passado inclui-se uma ausência total de cobranças. Ninguém mais nos deve pedidos de perdão, ninguém mais é nosso inimigo, oculto ou declarado. A paz é incondicional e para todos.

"Bela utopia", dirá alguém.

"Sonho de alma ingênua", dirá outro.

"Mera fantasia espiritual", dirá um terceiro.

Concordo plenamente que um perdão assim não é para almas pequenas, mesquinhas, com egos possessivos e vingadores. Não! O perdão curativo, sem restrições, é galardão de almas grandes, possuidoras de profunda fé, habitadas pelo amor irrestrito de Deus. E você pode ser uma delas, cheia de Deus.

Abra-se para Deus, amigo.

Abra-se à sua graça, ela quer redimi-lo.

Abra-se à grandeza a que sua alma aspira.

Abra-se à luz para que dissipe suas trevas.

Abra seu coração ao amor, que ele ensinar-lhe-á o poder curativo do perdão.

Estenda também seu perdão a si próprio. Seja compreensivo e benevolente com suas pretéritas fraquezas. Renove sua alma atribulada concedendo-lhe a paz, o abraço da reconciliação com a vida. Culpar-se não leva a nada, a não ser a denegrir sua própria imagem de filho de Deus, diminuindo-se perante si mesmo e desvalorizando sua autoestima.

Agora, sim, fique em paz com si mesmo, em paz com os outros e com Deus.

Durma um sono tranquilo, como dormem as crianças, banhadas por sua inocência.

Você merece uma saúde integral. Sua ALMA serena, sua MENTE aquietada, seu CORPO saudável.

Faça disso, de hoje em diante, seu projeto de vida.

E viva em paz!

*"Atração: A lei da mente é implacável.
O que você pensa, você cria;
o que você sente, você atrai
e o que você acredita, se torna realidade."*

(Buda)

24. A técnica do sentimento oposto

Creio que o seu caminho de libertação esteja sendo trilhado com muita alegria. Diariamente procuro fazer o mesmo. Sendo assim, desejo partilhar com você uma técnica extremamente poderosa e libertadora.

Aprendi-a num curso sobre Florais de Bach, ministrado pela Dra. Carmen Monari em 1993, em Porto Alegre (RS).

Dr. Edward Bach, eminente médico inglês, homem de uma profunda espiritualidade e faculdades paranormais, ensinava em suas magníficas palestras que a cura está no sentimento oposto, na atitude oposta à que faz você sofrer.

Na Alemanha, por exemplo, na prática terapêutica, é de praxe perguntar ao paciente "o que lhe falta?", em vez de querer saber "o que você tem?", motivo de sua vinda ao terapeuta.

Ao questionar a respeito "do que lhe falta", dizia o Dr. Bach, entramos na solução do problema. Pouco adianta refletir sobre o nervosismo – e quanto mais falarmos dele, mais o gravaremos em nossa mente –, se você não aprender a atitude oposta: a calma.

Só a paciência cura a impaciência. Só a alegria é remédio para a tristeza. Não existe alopático algum que realmente cure seu nervosismo, sua impaciência ou tristeza, caso não sejam, conscientemente, criados pensamentos, sentimentos e atitudes opostas ao seu problema.

Ao fortalecer o lado positivo, o negativo enfraquece. É como trocar uma lâmpada de 20w por uma de 60w. Quer mais luz? Diminua a escuridão! Pouco adianta falar da lâmpada mais fraca, muito menos querer bater nela. Aumente a potência, aumente a luz e as trevas não terão vez.

Na vida psicológica e emocional também é assim. Adquira o que lhe falta: fortaleça o que ainda é fraco, e automaticamente diminuirá o poder do negativo que o incomoda.

Concentre-se em aumentar a *virtude* ou as *qualidades* que lhe fazem falta e sua cura acontecerá. No que mais você *pensa*, isso você *atrai*. Atraia, pois, o que você mais necessita: saúde, paz, amor, alegria, esperança, ânimo, prosperidade... Pare de falar de seus problemas, de sua depressão, de suas mágoas. Em vez de libertar-se delas, enraízam-se cada vez mais nos arquivos de sua mente. É preciso reeditar o filme de sua vida emocional, abrir arquivos novos, com conteúdos positivos, e estes, aos poucos, farão os antigos arquivos ceder lugar aos recém-instalados. Não há outro jeito, outra técnica mais eficaz.

É no que lhe falta que reside sua cura.

Treine, diariamente, com toda persistência, para adquirir as qualidades opostas aos problemas que o perturbam.

Faça uma boa análise do que é mais urgente modificar.

E inicie uma nova etapa em sua vida, um novo tempo de libertação.

25. A alegria de sentir-se renovado

Viver feliz, num quadro deprimente, cheio de mágoas, ciúmes, invejas e intrigas emocionais é praticamente impossível. A alegria é escassa num cenário assim. Até que as amarras do passado não sejam cortadas e os grilhões rompidos, a alma fica oprimida, prisioneira de um cárcere que ela mesma construiu. E nele padece, sufocada pelos ares doentios que diariamente respira.

Você apenas iniciou sua jornada de libertação ou pode festejá-la como um fato quase consumado? Não diria "consumado", pois, enquanto vivos, as armadilhas de nossa fragilidade humana podem surpreender-nos sempre de novo. Quem nos garante estarmos totalmente livres desses males? Sem mágoa alguma? Sem um repentino ciúme? Sem resquícios de inveja? Que a raiva, a intriga, as fofocas jamais nos visitem, quem pode garantir isso?

Bem que assim o quiséramos! Estamos, porém, a caminho. *Libertar-se* é um processo que diariamente o *amor* nos ensina. É conquista, por vezes árdua, mas prazerosamente alegre e compensadora. *Sentir-se renovado* traz um novo brilho a seus olhos, torna leves seus passos, irradiando um sorriso antes nunca imaginado. É a alegria da *liberdade interior* que lhe empresta asas de contentamento. Enfim, você pode voar de novo: suas asas de chumbo finalmente foram substituídas.

Alma renovada, mente esperançosa, corpo rejuvenescido: eis agora seu novo perfil! Publique-o nas redes sociais. É uma foto imperdível! É muito bom que todos a vejam. Você agora é uma mulher vitoriosa, um homem que merece sonhar com dias de sol, sepultadas que foram suas trevas.

A alegria de sentir-se renovado é como luz: nada e ninguém pode impedi-la de brilhar. Não há escuridão que resista ao clarão fulgurante que ela irradia. Sua vida agora é um luzeiro, é energia contagiante, é convite para que outros também trilhem os mesmos caminhos da libertação que você. Este é o verdadeiro "caminho de Santiago", que você percorre aqui mesmo, sem precisar viajar para terras tão distantes.

São as "terras" de nosso interior que precisam ser percorridas. Por estranho que pareça, a impressão que temos é que elas estão ainda mais distantes que aquelas, se bem que as carreguemos dentro de nós. Trata-se da mais fascinante e ousada aventura que se possa empreender: *explorar os labirintos da própria alma*, desvendar seus mistérios, admirar suas exuberantes belezas.

Este é o caminho da verdadeira libertação. Nele, nossa alegria será completa ao descobrirmos, maravilhados, que nessas profundezas pouco visitadas encontramos o endereço de Deus. É aí, *dentro de nós*, que ele mora.

26. Respirando novos ares

Libertos, com o endereço de Deus nas mãos, respiramos novos ares. Somos ainda peregrinos, buscadores. No entanto, *felizes, livres* para prosseguir em nossas magníficas descobertas e aprofundar-nos, extasiados, na contemplação das maravilhas de Deus.

Novos ares, que façam nosso coração pulsar vibrante, saudável e forte. Nossos pulmões, refeitos, encheram-se de oxigênio espiritual, capaz de impulsionar-nos, em passos firmes, na conquista de nossas metas. Nossos olhos, curados de sua estranha miopia, veem, enfim, a luz de dias melhores, vislumbrando horizontes jamais alcançados.

O *ânimo* voltou. Tudo é mais fácil, mais leve, mais rápido.

O *entusiasmo* tomou conta de nossa alma. "Deus em nós" é força total, é vitória assegurada.

A *esperança* reapareceu. Havia sumido, desfeita pelas brumas da tristeza. Agora, tudo é sonho. Há novos objetivos e muita vida a ser explorada.

A *vontade de viver* superou nossa angústia, expulsou o desespero, aliviou nossa eterna ansiedade. Queremos, mais do que nunca, sentir o vento batendo em nosso rosto; o sol nos aquecendo; a água refrescando nosso corpo. É a vida que retornou. É a ressurreição, é a páscoa diária.

Amor e libertação estão se completando, se bem que ainda se completarão enquanto a jornada prosseguir. Antes que possamos ver que chegamos à casa do Pai, nossa evolução espiritual e humana prossegue. Você e eu, todos que nos rodeiam e com quem partilhamos nosso amor de peregrinos: TODOS somos convidados a participar dessa aventura. Nessa caminhada não há limites, a não ser o de havermos "chegado". Descansaremos, então, das labutas terrenas e novos caminhos se abrirão para nós no mundo espiritual. A vida não para. Deus, com certeza, terá outras missões para nós.

Enquanto isso não for realidade, *novos ares* oxigenam nosso cérebro para prosseguirmos resolutamente em nossa caminhada. A busca prossegue. Há grandes descobertas a serem feitas. Nossa compreensão se expande e os olhos da alma se abrem. A força de um misterioso ímã nos atrai. Não há como resistir ao seu encantamento que nos hipnotiza. Ele nos lembra de que nossa alma foi criada para a plena felicidade e jamais se contentará com migalhas. *Deus*, o mais poderoso dos ímãs, nos atrai. Já atravessamos os "vales sombrios", enfrentamos nossos "desertos", e a fé nos faz caminhar em sua direção.

Enfim, libertos!

*"Fé: é quando a gente diz que vai escalar um Everest
e o coração já o considera feito."*
(Luiz Gonzaga Pinheiro)

27. O olhar transformador da fé

Dos "novos ares", este é o mais importante. O que mais renova. O que mais transforma: a *fé*.

Pouco importa que nome sua religião tenha. Tê-la é o que importa. Por meio dela, você vai cultivando e expandindo sua fé em Deus. Criando um sentido novo para a vida, para a *missão* que veio realizar aqui. Você está se lembrando de que, ao vir do mundo celestial para habitar este planeta, trouxe consigo um *propósito de vida*, um rumo para seus passos de peregrino?

Havia-se esquecido? Lembrava-se disso vagamente, vez por outra? Nem se recordava mais do compromisso de ajudar Deus a embelezar este mundo? Nossa terra é "este mundo" que Deus nos confiou e ele quer aperfeiçoá-la através de nós. Somos seus *olhos* para monitorar, seus *braços* para trabalhar, seus *pés* para deslocar-se, seu *coração* para amar.

Preservar a biodiversidade deste nosso pequeno e adorável planeta é compromisso nosso. Melhorar as condições climáticas, impedindo a poluição ambiental, defendendo nossas matas e rios: este é o chamado da vida.

Agora que você é uma mulher e um homem libertos, liberte também a natureza dos grilhões da destruição irresponsável para que ela respire novos ares.

Um olhar de fé realiza o milagre. Fé na raça humana, capaz de elevar-se de suas mesquinharias e atrocidades e, enfim, dar-se as mãos.

Fé na salvação do planeta, despoluído das fumaças tóxicas e dos venenos que o habitante-homem, dia a dia, lhe injeta nas veias. Há, sim, salvação para a humanidade e o planeta! É preciso urgentemente, porém, *acordar*!

A fé em Deus remove quaisquer obstáculos que possam impedir essa missão. Fé que se expresse em obras, *em ações concretas*, e não apenas em promessas políticas ou reuniões de cúpula dos "grandes" que, enfim, são tão pequenos como nós... Pouco adiantam bons propósitos. Mulheres e homens libertos são *fermento de transformação*.

Você e eu, fazendo a diferença, fazendo a nossa parte. Seja ela pequena ou grande – cada qual imbuído de suas responsabilidades e capacidades de ação –, o importante é *agir*.

Em meu ato de fé pessoal, creio que Deus nos quer agindo. É de *ações* que ele "precisa". São ações que ele deseja.

Nossa oração será nossa luz. Por meio dela, veremos em que situações agir, onde encontrar forças e recursos, como realizar a tarefa que o Senhor nos destinou. Orar é importante. Agir é decisivo.

Unidos: oração e ação transformarão nosso planeta num lugar habitável para todos. Não apenas "habitável", mas bonito, próspero e fraterno. Assim como Deus o sonhou em seus eternos desígnios.

Um olhar de fé tudo transforma, até mesmo corações sofredores e prisioneiros. Transforma-os em homens e mulheres novos, libertos de suas mazelas e traumas emocionais, *livres para amar*.

Você agora é um deles.

Seu grande dia chegou!

Paulinas

Rua Dona Inácia Uchoa, 62
04110-020 – São Paulo – SP (Brasil)
Tel.: (11) 2125-3500
paulinas.com.br – editora@paulinas.com.br
Telemarketing e SAC: 0800-7010081